Isaac Asimov

Siglo XXI

Biblioteca del universo

El Sistema Solar

La Tierra

DE ISAAC ASIMOV

REVISADO Y ACTUALIZADO POR RICHARD HANTULA

Gareth Stevens Publishing
UNA COMPAÑÍA DEL WORLD ALMANAC EDUCATION GROUP

Please visit our web site at: **www.garethstevens.com**
For a free color catalog describing Gareth Stevens Publishing's list of high-quality
books and multimedia programs, call 1-800-542-2595 (USA) or 1-800-387-3178 (Canada).
Gareth Stevens Publishing's fax: (414) 332-3567.

Library of Congress Cataloging-in-Publication Data

Asimov, Isaac.
   [Earth. Spanish]
   La tierra / de Isaac Asimov; revisado y actualizado por Richard Hantula.
      p. cm. — (Isaac Asimov biblioteca del universo del siglo XXI. El sisteme solar)
   Summary: A description of Earth, the third planet from the sun, which includes information
on its origins, composition, and unique characteristics.
   Includes bibliographical references and index.
   ISBN 0-8368-3862-9 (lib. bdg.)
   ISBN 0-8368-3875-0 (softcover)
   1. Earth—Juvenile literature. [1. Earth. 2. Spanish language materials.] I. Hantula, Richard.
II. Title.
QB631.4.A8618   2003
550—dc21   2003050488

This edition first published in 2004 by
Gareth Stevens Publishing
A World Almanac Education Group Company
330 West Olive Street, Suite 100
Milwaukee, WI 53212 USA

Series editor: Betsy Rasmussen
Cover design and layout adaptation: Melissa Valuch
Picture research: Kathy Keller
Additional picture research: Diane Laska-Swanke
Artwork commissioning: Kathy Keller and Laurie Shock
Translation: Carlos Porras and Patricia D'Andrea
Production director: Susan Ashley

The editors at Gareth Stevens Publishing have selected science author Richard Hantula to bring
this classic series of young people's information books up to date. Richard Hantula has written
and edited books and articles on science and technology for more than two decades. He was
the senior U.S. editor for the *Macmillan Encyclopedia of Science*.

In addition to Hantula's contribution to this most recent edition, the editors would like to
acknowledge the participation of two noted science authors, Greg Walz-Chojnacki and
Francis Reddy, as contributors to earlier editions of this work.

Printed in the United States of America

1 2 3 4 5 6 7 8 9 07 06 05 04 03

Contenido

El inicio de la Tierra 4

La Tierra se forma 6

La Tierra en constante cambio........................ 8

Montañas y terremotos 10

Volcanes.. 12

La activa atmósfera de la Tierra..................... 14

La atracción magnética de la Tierra.............. 16

Entender nuestro mundo a través
        de los demás... 18

La Tierra, un mundo muy especial 20

Nuestro frágil planeta...................................... 22

Los mundos lejanos.. 24

Terraformar otros mundos 26

Archivo de datos: Un hogar
        especial, la Tierra 28

Más libros sobre la Tierra.................................. 30

DVD 30

Sitios Web.. 30

Lugares para visitar 30

Glosario.. 31

Índice 32

Vivimos en un lugar enormemente grande: el universo. Es muy natural que hayamos querido entender este lugar, así que los científicos y los ingenieros han desarrollado instrumentos y naves espaciales que nos han contado sobre el universo mucho más de lo que hubiéramos podido imaginar.

Hemos visto planetas de cerca, e incluso sobre algunos han aterrizado naves espaciales. Hemos aprendido sobre los quásares y los púlsares, las supernovas y las galaxias que chocan, y los agujeros negros y la materia oscura. Hemos reunido datos asombrosos sobre cómo puede haberse originado el universo y sobre cómo puede terminar. Nada podría ser más sorprendente.

En todo el universo increíblemente vasto, hay un solo mundo al que llamamos hogar, donde comenzó el teatro de la vida como lo conocemos. Ése mundo es la Tierra. La Tierra es nada más un planeta pequeño que da vueltas alrededor de una estrella de tamaño mediano en un rincón de una galaxia común y corriente. Sin embargo, es un lugar extraordinariamente fascinante, repleto de maravillas y milagros.

Arriba: La concepción de un artista sobre cómo fue el inicio del Sistema Solar. Los planetas se forman en el disco arremolinado de gas y polvo que rodea al Sol recién nacido.

El inicio de la Tierra

Los científicos creen que hace casi 5,000 millones de años se arremolinaba lentamente en el espacio una vasta nube de polvo y gas. La fuerza gravitacional de la nube hizo que las partículas de polvo y gas se estrecharan cada vez entre sí. Al volverse más pequeña la nube, giró con mayor rapidez, y su centro se volvió más caliente.

Fuera del centro de la nube se acumularon el polvo y el gas formando rocas y piedras grandes. El centro de la nube se calentó tanto, que se creó una estrella: el Sol.

Entre tanto, las rocas y las piedras grandes se juntaron gradualmente con el polvo sobrante para formar los planetas del Sistema Solar. Uno de los planetas que se formó fue la Tierra.

Derecha: La Tierra en sus inicios recoge algunos de los restos rocosos del nacimiento del Sistema Solar.

La Tierra se forma

Cuando la Tierra se formó, era muy caliente, pero poco a poco se fue enfriando. Lentamente los gases y el agua que estaban atrapados en las rocas brotaron produciendo la atmósfera y los vastos océanos de la Tierra.

Lentamente los materiales más pesados, metales como el hierro y el níquel, se depositaron en el centro de la Tierra y se fundieron para formar un núcleo de metal caliente. Alrededor del núcleo se formó un manto rocoso de materia sólida. El manto está lo bastante caliente para ser ligeramente blando. La roca del manto se mueve con lentitud. Después de haberse formado la Tierra, los últimos trozos de roca que se unieron al planeta marcaron su superficie, formando cráteres. Los cráteres creados por semejantes impactos durante los primeros años de la Tierra fueron borrados gradualmente por el viento, el agua o la roca líquida caliente de los volcanes. Si el paso del tiempo no los hubiera borrado, se podrían ver todavía. Durante períodos más recientes, la Tierra ha sido golpeada muy pocas veces por grandes rocas provenientes del espacio, pero todavía de vez en cuando se producen grandes impactos que forman cráteres.

Derecha: Brillantes en su viaje a través de la atmósfera, los restos rocosos se estrellan contra la superficie caliente de los inicios de la Tierra.

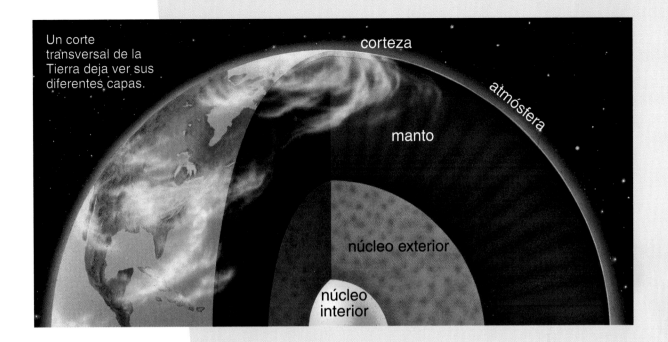

Un corte transversal de la Tierra deja ver sus diferentes capas.

corteza

atmósfera

manto

núcleo exterior

núcleo interior

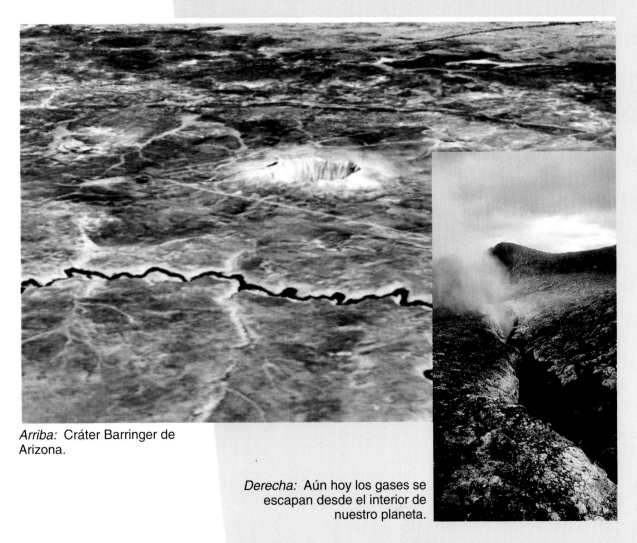

Arriba: Cráter Barringer de Arizona.

Derecha: Aún hoy los gases se escapan desde el interior de nuestro planeta.

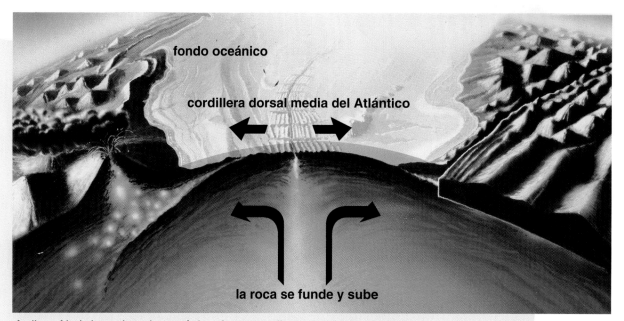

fondo oceánico

cordillera dorsal media del Atlántico

la roca se funde y sube

Arriba: Al abrirse el suelo oceánico, la roca caliente que sube de las
profundidades de la Tierra forma montañas.

Arriba: La cadena montañosa más larga del mundo se encuentra sobre todo
debajo del agua. Esta «cordillera central oceánica» rodea la Tierra y tiene unas
50,000 millas (80,000 kilómetros) de largo. La porción conocida como dorsal
media del Atlántico divide el océano Atlántico por el centro.

La Tierra en constante cambio

La corteza de la Tierra no es un recubrimiento sólido. Está quebrada en muchas partes que se llaman placas. Estas placas se mueven de manera lenta y continua, cambiando constantemente la superficie de la Tierra.

Los científicos creen que hace unos 200 a 300 millones de años, la Tierra tenía un solo supercontinente llamado Pangea que reunía todas las principales masas de tierra. A medida que las placas errantes de la Tierra siguieron moviéndose, Pangea lentamente se dividió, y los continentes que hoy conocemos empezaron a formarse.

Donde se separan las placas de la Tierra, surge roca caliente desde abajo y forma montañas en medio de los fondos oceánicos. De esta manera se desarrollan las islas. Algunas islas oceánicas son simplemente las cimas de dichas montañas submarinas; un ejemplo son las Azores, en el océano Atlántico.

Izquierda: La Tierra era muy diferente hace cientos de millones de años. Muchos científicos creen que en un época todas las zonas de tierra más importantes estaban unidas en un continente gigante llamado Pangea.

La Tierra, ¡qué mundo maravilloso!

Los océanos de la Tierra son mucho más grandes que los continentes de la Tierra. Por ejemplo, entre Europa, Asia y África suman una superficie de 33 millones de millas cuadradas (85 millones de km^2), pero el océano Pacífico sólo tiene 64 millones de millas cuadradas (166 millones de km^2). Si contamos los demás océanos, mares, golfos y bahías, alrededor del 71 % de la superficie de la Tierra está cubierta de agua.

Montañas y terremotos

Mientras las placas se separan en algunos lugares, en otros lugares se juntan. Esta colisión de las placas puede provocar que la corteza se pliegue y puede dar origen a terremotos.

Decenas de millones de años atrás, la India «chocó» contra Asia y el plegamiento de la corteza creó la cordillera del Himalaya. Las montañas Rocosas, en América del Norte, se crearon por la colisión de las placas del Pacífico y de América del Norte.

A veces las placas se rozan unas con otras. Cuando esto sucede, las placas no se deslizan con suavidad. Se sacuden bajo una gran tensión. Esto nosotros lo sentimos en forma de terremotos. Los límites de las placas que se deslizan están marcados por fallas, o grietas, en la superficie de la Tierra.

Los terremotos pueden dar nueva forma a la tierra y derribar edificios, como estos de San Francisco en 1989 *(derecha)* y de Los Ángeles en 1994 *(enfrente, arriba)*.

El monte Everest, ¿en las profundidades?

Son más profundos los océanos de la Tierra que altas sus montañas. La montaña más alta de la Tierra es el monte Everest. Su pico está a 29,035 pies (8,849.9 metros) por encima del nivel del mar. En un lugar del océano Pacífico llamado fosa Challenger, el fondo oceánico está a 36,198 pies (11,033 m) por debajo del nivel del mar. Si se pudiera colocar el monte Everest en la fosa Challenger, la montaña entera desaparecería, ¡y sobraría espacio!

Derecha: Falla de San Andrés, en California. Se acumula presión cuando las placas se rozan. Cuando las rocas ceden, se produce un terremoto.

Arriba: El monte Everest, la montaña más alta de la Tierra, se eleva en la parte este del Himalaya entre Nepal y el Tíbet.

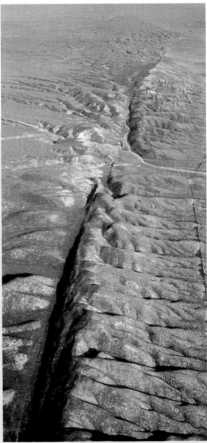

En 1991 el monte Pinatubo, en las Filipinas, hizo su primera gran erupción en más de 600 años.

Volcanes

Los volcanes no sólo se encuentran en la cordillera central oceánica donde las placas se están separando, sino también en lugares donde dos placas chocan, y una de ellas se desliza por debajo de la otra. A medida que la placa se hunde, su roca se calienta al punto de fusión. Parte de esta roca fundida se abre paso hacia arriba y produce los volcanes.

La mayor parte del fondo oceánico debajo del Pacífico es una gran placa. Alrededor de su borde hay volcanes y se producen terremotos, por eso el borde se llama Anillo de Fuego. Una de las mayores erupciones del Anillo de Fuego durante los últimos años ocurrió en 1991 en un volcán de las Filipinas llamado monte Pinatubo. El volcán despidió una nube de ceniza que llegó a elevarse 25 millas (40 km) en el aire.

Los volcanes también pueden producirse en el medio de una placa, si la placa llega a pasar sobre un lugar del manto donde la roca fundida sube. Un ejemplo es el volcán llamado Kilauea, en Hawai. A veces este volcán arroja un torrente de roca fundida, o lava, formando un río de fuego.

Arriba: En 1943 el volcán Paricutín de México empezó como una grieta humeante en un maizal. En la primera semana se formó rápidamente un cono volcánico que alcanzó una altura de 460 pies (140 m). En un año destruyó dos aldeas y creció a más de 1,500 pies (450 m) de altura.

La isla que explotó

La mayor erupción volcánica de los tiempos modernos tuvo lugar en 1883, en una pequeña isla indonesia llamada Krakatoa, que en realidad era un volcán. La erupción formó olas enormes que ahogaron a unas 34,000 personas. La caída de ceniza caliente mató a otras 2,000 o más. Una de las explosiones que produjo la erupción fue tan fuerte, que se pudo oír a 3,000 millas (4,800 km) de distancia. Salieron despedidas rocas a varias millas por el aire. Afortunadamente, los volcanes rara vez explotan de manera tan violenta.

La activa atmósfera de la Tierra

La Tierra está rodeada de una enorme cantidad de aire. Al principio, esta atmósfera estaba compuesta de nitrógeno y dióxido de carbono. A medida que se desarrollaron formas de vida simples, transformaron el dióxido de carbono en oxígeno. Esto permitió que las personas y los animales respiraran. A su vez, cuando las personas y los animales exhalan, o expulsan aire, devuelven dióxido de carbono al aire.

El Sol calienta la atmósfera en forma irregular. El aire caliente sube y el aire frío desciende. Esto provoca que se generen los vientos. Cuando el agua del océano se evapora y se enfría se forman nubes en la capa superior del aire. Las nubes están hechas de gotitas de agua. Finalmente, el agua regresa a la Tierra en forma de lluvia. A veces la combinación de agua y viento puede dar como resultado tormentas violentas, como los huracanes y los tornados.

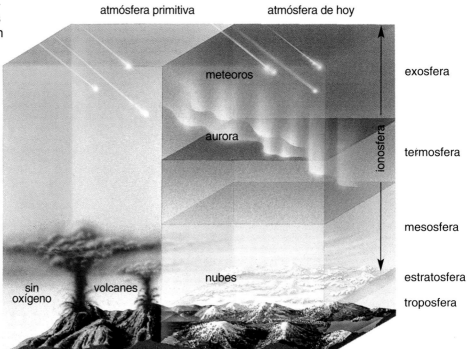

Abajo: La atmósfera de la Tierra no fue siempre tan acogedora para los seres vivos como lo es en el presente.

atmósfera primitiva

atmósfera de hoy

meteoros

aurora

ionosfera

nubes

sin oxígeno

volcanes

exosfera

termosfera

mesosfera

estratosfera

troposfera

Las tormentas eléctricas traen vientos fuertes y rayos, y hasta huracanes y tornados.

Derecha: Las plantas usan los gases que las personas y los animales exhalan para producir su alimento y para producir el oxígeno que las personas y los animales necesitan para respirar.

15

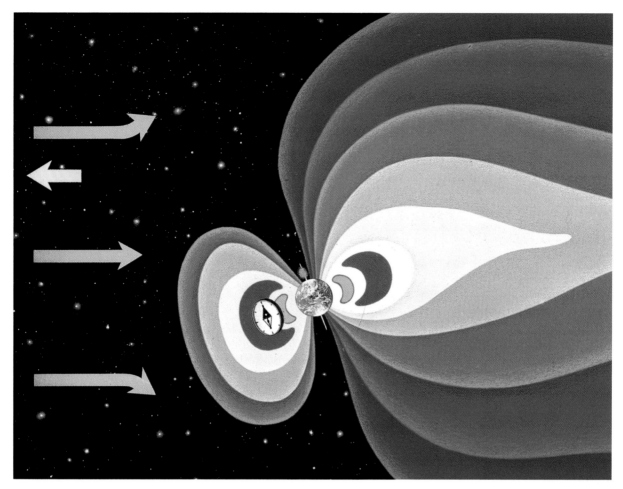

Arriba: Partículas provenientes del distante Sol *(oculto a la izquierda)* atraen y estiran el campo magnético de la Tierra. La mayoría de las partículas circulan alrededor del campo magnético, pero algunas de ellas quedan atrapadas en su interior. Generalmente, estas partículas entran en la atmósfera a la altura de los polos de la Tierra.

Derecha: Las auroras pueden estar tan llenas de color como un arco iris, pero generalmente son verdes o azul verdosas.

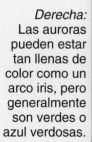

La atracción magnética de la Tierra

Cuando la Tierra gira, el hierro fundido que está dentro de su núcleo central gira. El hierro que gira forma un campo magnético que rodea la Tierra. Esto transforma a la Tierra en un imán gigantesco. Este magnetismo permite que las brújulas funcionen. Las agujas de las brújulas señalan continuamente los polos magnéticos de la Tierra.

El Sol está siempre despidiendo partículas que tienen cargas eléctricas. Esto se llama viento solar. El viento solar podría dañar la vida sobre la Tierra, pero antes de alcanzarnos queda atrapado en el campo magnético de la Tierra. Sin embargo, en las regiones polares de la Tierra, algunas partículas llegan a nuestra

Arriba: Cuando las partículas solares chocan con los gases de la atmósfera de la Tierra, los átomos de los gases emiten luz. Este fenómeno se llama aurora.

atmósfera. Esto hace que la atmósfera brille dando un espectáctulo asombroso que se llama aurora.

Campo magnético de la Tierra, ¿momento de cambio?

El campo magnético de la Tierra a veces se debilita, se invierte y luego vuelve a fortalecerse. Si esto pasara hoy, una brújula que estuviera señalando el norte, empezaría a señalar el sur. Los científicos saben que la Tierra ha tenido muchas inversiones magnéticas, pero la última ocurrió alrededor de 750,000 a 780,000 años atrás. Nadie sabe cómo ni por qué se producen las inversiones. El campo magnético de la Tierra ha venido debilitándose por lo menos desde mediados del siglo XIX. Si esto continúa, dentro de unos 1,300 años perderá su fuerza por completo. Quizás esté aproximándose una inversión magnética.

Entender nuestro mundo a través de los demás

Lo que aprendemos acerca de otros mundos puede ayudarnos a entender el nuestro.

Igual que la Tierra, Marte tiene casquetes de hielo en los polos y cada día dura aproximadamente 24 horas. Además es mucho más frío. Venus tiene una capa de nubes y una atmósfera más densas que las de la Tierra. La Gran Mancha Roja de Júpiter es en realidad una tormenta gigante, como un huracán que pareciera durar eternamente. Ío, una de las lunas de Júpiter, tiene erupciones volcánicas espectaculares. La Luna no tiene agua líquida, casi nada de atmósfera y ha cambiado muy poco a través del tiempo. Al estudiarla detalladamente, los científicos pueden descubrir cómo fue el Sistema Solar en sus primeros días.

Imagen de Marte con los casquetes polares captada con el telescopio espacial Hubble en junio de 2001 (descrita como la mejor vista de Marte jamás obtenida desde la Tierra).

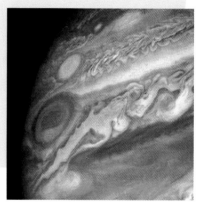

Arriba: La Gran Mancha Roja, una tormenta mucho más grande que la Tierra, se la ha visto en Júpiter desde la invención del telescopio en 1608.

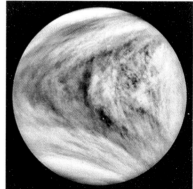

Arriba: Gruesas nubes ocultan la superficie de Venus.

Arriba: Los astronautas han tenido la posibilidad de ver la Tierra elevarse sobre la superficie de la Luna.

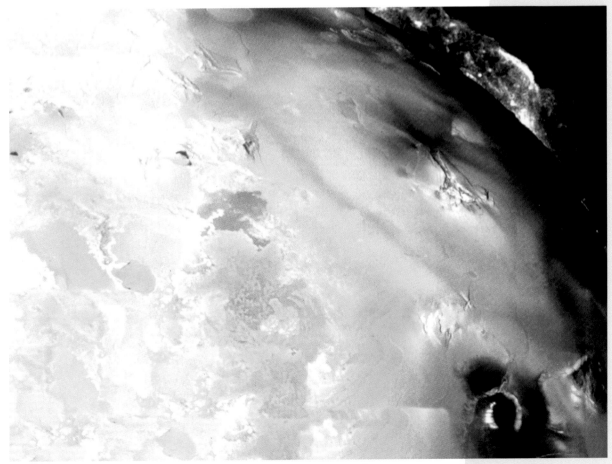

Arriba: La columna de un volcán en erupción se eleva sobre Ío, una luna de Júpiter.

Arriba: Marte, el cuarto planeta desde el Sol, es demasiado frío para sustentar vida como la que nosotros conocemos. Venus, el segundo planeta desde el Sol, es demasiado caliente. La Tierra, en medio de ellos, tiene exactamente las condiciones apropiadas para la vida.

Arriba: Los seres humanos comparten el planeta con una gran variedad de otras formas de vida, como el pez mariposa limón de Hawai.

La Tierra, un mundo muy especial

Aunque los otros planetas del Sistema Solar pueden servirnos para aprender acerca de la Tierra, nuestro planeta es muy diferente de los demás.

Los demás planetas son demasiado pequeños para tener una atmósfera considerable, o su superficie es demasiado caliente o fría para que el agua permanezca líquida. La Tierra tiene una gran cantidad de agua que es necesaria para que la vida, como la conocemos, se desarrolle. La Tierra tiene precisamente el tamaño y la temperatura adecuados para que la vida florezca.

Probablemente haya otros mundos como la Tierra dando vueltas alrededor de algunas estrellas, pero nosotros todavía no sabemos nada acerca de ellos.

¿Congelador o invernadero?

Hace apenas 10,000 años, enormes capas de hielo cubrían Canadá, Escandinavia, y las partes norte de Siberia y de Estados Unidos. Muchos científicos creen que las eras de hielo vienen y van debido a que cambios muy pequeños en la órbita de la Tierra alrededor del Sol producen cambios en la cantidad de calor que las diferentes zonas de nuestro planeta reciben del Sol. Por otra parte, muchos científicos están preocupados porque las actividades de los seres humanos recalentarán el planeta durante las próximas décadas. Las dos teorías pueden ser correctas, depende de qué tan lejos se mire hacia el futuro.

Nuestro frágil planeta

En épocas futuras la Tierra podría no tener las condiciones ideales para la vida. Por ejemplo, el calor del Sol podría cambiar, de modo que empezaría una nueva era de hielo. Las actividades de los seres humanos también afectan las condiciones de la vida en la Tierra. La población aumenta, ahora somos más de 6,000 millones. Necesitamos espacio y materiales, así que talamos los bosques, llevando formas de vida a la extinción. Como consecuencia de la actividad humana, sustancias químicas peligrosas para las criaturas vivas llegan a los ríos, lagos, océanos y la atmósfera. Las sustancias químicas que los seres humanos liberan a la atmósfera están haciendo más delgada la capa de ozono. Esta capa impide que llegue a la superficie de la Tierra cierta radiación dañina del Sol.

Las actividades de los seres humanos afectan a la vida silvestre.

Izquierda: Esta gaviota murió como resultado de haber quedado atrapada en un aro plástico para bebidas.

Derecha: Un delfín perdió la vida después de haberse enredado accidentalmente en una red de pesca.

¡Hay un agujero en nuestro ozono!

Ciertas sustancias químicas que se han usado en acondicionadores de aire, aerosoles y otros productos contienen cloro, que puede dañar la capa de ozono protectora de la atmósfera terrestre. El ozono es una forma de oxígeno que está a una altura de 12 a 30 millas (19 a 48 km) sobre la superficie de la Tierra. Aun allí el ozono existe sólo en cantidades pequeñas, pero sirve para proteger a la Tierra de la luz ultravioleta más dañina del Sol. Los estudios han demostrado que durante los últimos años el ozono sobre la Antártida ha disminuido cada primavera. Los científicos han llamado a esta zona el «agujero de ozono». Algo similar se ha observado sobre el Ártico. Los acuerdos internacionales han puesto algunos límites al uso de las sustancias químicas que destruyen el ozono, pero hasta ahora no las han eliminado.

Arriba y abajo: Los bosques tropicales del mundo se están reduciendo, ya que los seres humanos queman o talan los árboles a fin de usar el territorio para diferentes propósitos.

Arriba: Contaminación atmosférica proveniente de las chimeneas.

Total de ozono según el TOMS

| Mar. 79 | Mar. 80 | Mar. 81 | Mar. 82 |
| Mar. 90 | Mar. 93 | Mar. 96 | Mar. 97 |

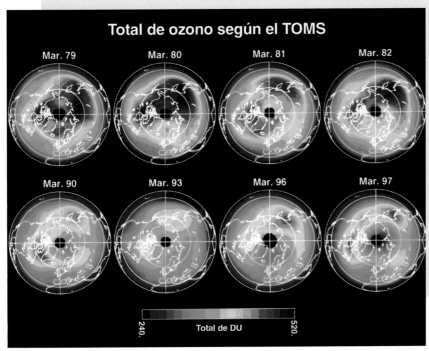

240. Total de DU 520.

Izquierda: Durante los últimos años el agujero de ozono sobre la Antártida ha ido creciendo. A medida que aumenta la cantidad de cloro dañino en la atmósfera, disminuye la cantidad de ozono protector. La serie de ozono del TOMS de la NASA muestra la situación a largo plazo del agujero de ozono sobre la Antártida.

Vista de la Tierra que muestra
las luces de las ciudades,
tomada por el satélite
meteorológico del
Departamento de Defensa .

Los mundos lejanos

El científico ruso y pionero en cohetes
Konstantin Tsiolkovsky dijo: «La Tierra es
la cuna de la humanidad, pero no puede
uno quedarse en la cuna para siempre».

En 1969 un ser humano puso los pies sobre la
Luna por primera vez en la historia. Hasta ahora,
han caminado sobre la Luna doce personas en
total. Los científicos están haciendo planes para
que algún día los seres humanos visiten Marte.
Posiblemente un día haya ciudades enteras en el
espacio, donde miles de personas hagan su hogar.

Todo eso está en el futuro. Mientras tanto, hemos
colocado estaciones espaciales en órbita alrededor
de la Tierra, donde pueden vivir y hacer investiga-
ciones unos cuantos astronautas y científicos. La
primera estación espacial expansible, llamada *Mir*,
la construyó la ex Unión Soviética. Giró alrededor
de la Tierra desde 1986 hasta 2001. La construcción
de una *Estación Espacial Internacional*, que auspi-
cian Estados Unidos y otros países, empezó en
1998 cuando Rusia lanzó la primera sección.

Arriba: Estación Espacial Internacional.

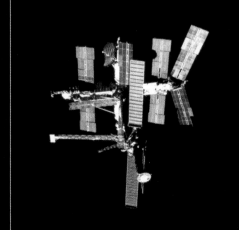

Arriba: Estación espacial soviética *Mir*, tomada desde el transbordador espacial estadounidense.

Terraformar otros mundos

Es posible que un día la gente viva en ciudades bajo cúpulas en la Luna y en Marte. En estos mundos nuevos, la gente también podría vivir bajo tierra. Incluso se podría llevar agua y oxígeno a Marte y hacer que las condiciones allí sean similares a las de la Tierra. Podríamos quitarle algo del dióxido de carbono a Venus y agregar oxígeno. Eso enfriaría a Venus, que ahora es demasiado caliente para la vida tal como la conocemos.

Terraformar otros mundos, o hacerlos semejantes a la Tierra, es algo que podríamos ser capaces de hacer en el futuro. Hasta puede llegar el día en que podamos visitar las estrellas. ¡Podríamos descubrir planetas tan similares a la Tierra, que no necesiten terraformación!

Por ahora, el futuro de la Tierra es nuestro futuro. Cuidémosla muy bien.

Derecha: Al viajar a otros mundos, podríamos tratar de modificarles el clima para adaptarlos a la vida humana. Tal vez un día el Sol se asome a través de las nubes de Venus para brillar sobre una playa llena de turistas.

Apenas estamos empezando a explorar las posibilidades de un asentamiento permanente para los seres humanos en el espacio.

Tierra

El Sol y su Sistema Solar *(de izquierda a derecha):* Mercurio, Venus, Tierra, Marte, Júpiter, Saturno, Urano, Neptuno, Plutón.

La luna de la Tierra

Diámetro	Distancia promedio desde el centro de la Tierra	Porcentaje del diámetro de la Tierra
2,159 millas (3,475 km)	238,900 millas (384,400 km)	27%

Comparado con lo que consideramos grande en la Tierra,

La Tierra es...

• **tan ancha,** que si pudieras cavar un hoyo inmenso a través de ella y llenarlo con los edificios más altos del mundo, podrías apilar 28,220 de esas estructuras dentro del hoyo y aun así no tener nada que sobresalga. Las torres gemelas Petronas de Kuala Lumpur (Malaisia) se consideran los edificios más altos del mundo con una altura de 1,483 pies (452 metros).

• **tan grande** en su circunferencia, que si pudieras ir en automóvil alrededor del mundo a 55 millas (88.5 km) por hora sin detenerte, te tomaría unas 453 horas llegar al lugar de donde partiste; o sea, ¡casi 19 días manejando sin parar!

Pero la Tierra también es:

• **tan diminuta** comparada con el Sol, ¡que podrías colocar más de un millón de Tierras en el espacio que ocupa el Sol!

• **tan lejana de Marte,** ¡que te llevaría alrededor de un año llegar allí y otro año regresar!

• **nuestro pequeño planeta.** Como puede decirte cualquier astrónomo o astronauta, nuestro pequeño planeta ocupa sólo un punto en el espacio, pero ese puntito es donde vivimos... y el lugar desde el cual podemos estudiar el resto de nuestro enorme universo.

Arriba: Un primer plano de la Tierra y su solitaria luna. La Luna tiene apenas más de 1/4 del tamaño de la Tierra, así que se podría considerar a las dos como un planeta doble.

Archivo de datos: Un hogar especial, la Tierra

La Tierra es el quinto planeta más grande conocido del Sistema Solar y el tercero más cercano al Sol. Es el más grande de los planetas interiores, apenas con algo más de 7,926 millas (12,756 km) de ancho en su ecuador. Esto significa que nuestro planeta es aproximadamente un cinco por ciento más grande que Venus, y tiene casi dos veces el diámetro de Marte y más de 2.5 veces el diámetro de Mercurio.

La Tierra es también el planeta interior más pesado del Sistema Solar. Pesa alrededor de 6,580 trillones de toneladas (5,970 trillones de toneladas métricas).

Es más o menos un 23 % más pesado que Venus, 9.3 veces más pesado que Marte y tiene más de 18 veces la masa de Mercurio.

No obstante, la Tierra sigue siendo sólo un punto cuando se la compara con una simple estrella promedio, como el Sol. El Sol tiene 109 veces el diámetro de la Tierra y casi 333,000 veces su peso.

La Tierra puede no ser tan grande, pero es muy especial. Es el lugar al que los seres humanos y demás criaturas vivas consideramos nuestro hogar.

Más libros sobre la Tierra

Earth and Beyond (La Tierra y más allá). Robert Snedden (Heinemann)

Earth and Universe (La Tierra y el universo). Storm Dunlop (Gareth Stevens)

Earth: The Third Planet (Tierra: el tercer planeta). Michael D. Cole (Enslow)

Planet Earth (El planeta Tierra). Kathryn Senior (Franklin Watts)

The Third Planet: Exploring the Earth from Space (El tercer planeta: explorar la Tierra desde el espacio). Sally Ride and Tam O'Shaughnessy (Crown)

DVD

Amazing Earth (La asombrosa Tierra). (Artisan Entertainment)

Earthlight: NASA – Spectacular Views of Earth from Space (Reflejo terrestre: NASA, vistas espectaculares de la Tierra desde el espacio). (DVD International)

Inside the Space Station (Dentro de la estación espacial). (Artisan Entertainment)

Mission to Mir (Misión a la Mir). (Warner Home Video)

Sitios Web

Internet es un buen lugar para obtener más información sobre la Tierra. Los sitios Web que se enumeran aquí pueden ayudarte a que te enteres de los descubrimientos más recientes, así como también de los que se hicieron en el pasado.

Earth from Space. earth.jsc.nasa.gov/categories.html

Encyclopedia of the Atmospheric Environment. www.doc.mmu.ac.uk/aric/eae/english.html

International Space Station. spaceflight.nasa.gov/station/

Nine Planets. www.nineplanets.org/earth.html

U.S. Geological Survey. www.usgs.gov/

Views of the Solar System. www.solarviews.com/eng/earth.htm

Volcano World. volcano.und.odak.edu/vw.html

Windows to the Universe. www.windows.ucar.edu/tour/link=/earth/earth.html

Lugares para visitar

Estos son algunos museos y centros donde puedes encontrar una variedad de exhibiciones sobre la Tierra y el espacio.

Museo Estadounidense de Historia Natural
Central Park West at 79th Street
New York, NY 10024

Exploratorium
3601 Lyon Street
San Francisco, CA 94123

Centro Espacial Henry Crown
Museo de Ciencia e Industria
57th Street and Lake Shore Drive
Chicago, IL 60637

Museo Nacional del Aire y el Espacio
Instituto Smithsoniano
7th and Independence Avenue SW
Washington, DC 20560

Odyssium
11211 142nd Street
Edmonton, Alberta T5M 4A1
Canada

Glosario

atmósfera: los gases que rodean un planeta, una estrella o una luna.

aurora: luz de los polos Norte y Sur de la Tierra, causada por la colisión de partículas del viento solar contra la atmósfera de la Tierra.

campo magnético: campo o zona alrededor de un planeta, como la Tierra, donde se puede sentir la fuerza magnética. Muchos científicos creen que el campo magnético de la Tierra lo causa el hierro fundido que gira en el núcleo de la Tierra.

capa de ozono: capa de la atmósfera terrestre con una concentración del gas ozono, una clase de oxígeno, que nos protege de la peligrosa luz ultravioleta del Sol.

corteza: la capa sólida más externa de un planeta como la Tierra, incluida la superficie.

cráteres: agujeros u hoyos de los planetas y las lunas que se crean con el impacto de los meteoritos o las explosiones volcánicas.

diámetro: la distancia transversal o el ancho de una cosa.

dióxido de carbono: en los comienzos de la historia de nuestro planeta, uno de los principales gases que, junto con el nitrógeno, componían la atmósfera de la Tierra. Cuando los seres humanos y los animales exhalamos, expulsamos dióxido de carbono.

eras del hielo: períodos de la historia de la Tierra que vieron grandes glaciares cubrir partes de la superficie terrestre del planeta.

evaporarse: transformarse un líquido en vapor o en gas.

falla: rotura, o grieta, de la corteza terrestre, que a menudo se encuentra donde las placas se deslizan unas contra otras.

manto: la materia caliente y rocosa que rodea el núcleo de la Tierra y que se encuentra debajo de la corteza.

masa: cantidad, o total, de materia.

núcleo: la parte central. Se cree que el núcleo de la Tierra consiste principalmente de hierro y níquel.

órbita: trayecto que sigue un objeto celeste cuando da vueltas, o gira, alrededor de otro.

oxígeno: el gas de la atmósfera terrestre que hace posible la vida para los seres humanos y los animales.

Pangea: el gigante único continente que muchos científicos creen que formó la superficie terrestre de la Tierra hace cientos de millones de años.

placas: secciones de la corteza de la Tierra que creó el movimiento de la roca del manto terrestre.

planeta: uno de los cuerpos grandes que giran alrededor de una estrella como el Sol. La Tierra es uno de los planetas del Sistema Solar.

polo: cualquier extremo del eje alrededor del cual rota un planeta, una luna o una estrella.

Sistema Solar: el Sol con los planetas y todos los demás cuerpos, como los asteroides, que describen una órbita alrededor del Sol.

terraformar: una manera de hacer un planeta apto para la vida humana.

ultravioleta: tipo de luz cuya longitud de onda es demasiado corta para ser visible por el ojo humano.

viento solar: partículas muy pequeñas con una carga eléctrica, que viajan desde el Sol a una velocidad de cientos de millas por segundo.

Índice

Anillo de Fuego   13
Antártida   22-23
Atlántico, Océano   8
atmósfera de la Tierra   6-7,
   14-15, 16-17, 18, 20-21, 22
aurora   14, 16-17

bosques tropicales   23

campo magnético de la Tierra
   16-17
casquetes polares de Marte   18
Challenger, Fosa   10
contaminación   22-23
continentes de la Tierra   9
corteza de la Tierra   7, 9
cráteres   6-7

dorsal media del Atlántico   8

Everest, Monte   10-11
extinción   22

fallas   10-11

Gran Mancha Roja   18

hielo, Eras del   21
Himalaya, Cordillera del   10-11

Ío   19

Júpiter   18, 19, 28-29

Kilauea   13
Krakatoa (Indonesia)   13

luna de la Tierra   18-19, 24,
   26, 28-29

manto de la Tierra   6-7
Marte   18, 20, 26, 28
Mercurio   28-29
montañas de la Tierra   8-9,
   10-11

Neptuno   28-29
núcleo de la Tierra   6-7, 17

océanos de la Tierra   6, 8-9,
   10, 21
ozono, Capa de   22-23

Pacífico, Océano   9-10
Pangea   8-9
Paricutín (México)   13
Pinatubo, Monte   12-13
placas   9, 10, 13
Plutón   28

Rocosas, Montañas   10

San Andrés, falla de   11
Saturno   28-29
Sistema Solar   4-5, 18, 28-29
Sol   4-5, 14, 16-17, 20, 21, 22,
   26, 28-29

terraformar   26
terremotos   10-11
Tsiolkovsky, Konstantin   24

Urano   28-29

Venus   18, 16, 28-29

volcanes   6, 12-13, 14, 18-19

Nacido en 1920, Isaac Asimov llegó a Estados Unidos, de su Rusia natal, siendo niño. De joven estudió bioquímica. Con el tiempo se transformó en uno de los escritores más productivos que el mundo haya conocido jamás. Sus libros abarcan una variedad de temas, que incluyen ciencia, historia, teoría del lenguaje, literatura fantástica y ciencia ficción. Su brillante imaginación le hizo ganar el respeto y la admiración de adultos y niños por igual. Lamentablemente, Isaac Asimov murió poco después de la publicación de la primera edición de *La biblioteca del universo de Isaac Asimov*.

Los editores expresan su agradecimiento a quienes autorizaron la reproducción de material registrado: portada, 3, Centro de Vuelos Espaciales Goddard de la NASA; 4-5, 5, 6, © John Foster 1988; 7 (superior), © Lynette Cook 1988; 7 (centro), Centro Nacional de Datos de Ciencia Espacial; 7 (inferior derecha), © William Hartmann; 8 (superior), © Garret Moore 1988; 8 (inferior), © Hachette Guides; 9, © Julian Baum 1988; 10, 11 (superior), NOAA; 11 (inferior izquierda), © 1995 Dave Bartruff; 11 (inferior derecha), R. E. Wallace/USGS; 12, K. Jackson, Fuerza Aérea de EE.UU.; 13, K. Segerstrum/USGS; 14, © Garret Moore 1988; 15 (superior y recuadro), Laboratorio Nacional de Tormentas Severas; 15 (inferior), © Mark Maxwell 1988; 16 (superior), © Lynette Cook 1988; 16 (inferior), © Forrest Baldwin; 17, © Forrest Baldwin; 18 (izquierda), NASA y el Hubble Heritage Team (STScI/AURA); 18 (derecha, ambas), 19 (superior), NASA; 19 (inferior), Laboratorio de Propulsión a Chorro; 20 (superior), © Tom Miller; 20 (inferior izquierda), © Chappell Studio; 20 (inferior derecha), © Brian Parker/Tom Stack and Associates; 21, Centro de Vuelos Espaciales Goddard de la NASA; 22 (izquierda), Servicio de Vida Silvestre y Pesca de EE.UU., foto de P. Martinkovic; 22 (derecha), © Dave Falzetti/Greenpeace; 23 (superior izquierda), © Gary Milburn/Tom Stack and Associates; 23 (inferior izquierda), NASA; 23 (superior e inferior derecha), © Red de Acción sobre la Selva Tropical; 24-25, Centro de Vuelos Espaciales Goddard de la NASA; 25 (izquierda), NASA; 25 (derecha), NASA y la Agencia Espacial Rusa; 26, © David A. Hardy 1988; 27, © Doug McLeod 1988; 28-29 (todas), © Sally Bensusen 1988.